Elusive Loves

Amores Esquivos

Elusive Loves
Amores Esquivos

MIRTHA MICHELLE CASTRO MÁRMOL

Para mami y papi por introducirme a la poesia.

For Mom and Dad for introducing me to poetry.

es·qui·vo

Desdeñoso, huraño, frío

e·lu·sive

Difficult to find, catch, or achieve

Si tengo que escribir
un millar de poemas
para mantener nuestro romance vivo,
para mantener nuestra historia intacta,
entonces mi pluma
traerá cada palabra
a la vida
y cada palabra
flotara
de mi boca
a la tuya.

If I must write
a thousand poems
to keep our romance alive,
to keep our story intact,
then my pen
shall bring every word
to life
and each word
shall float
from my mouth
into thine.

TABLE *of* CONTENTS

SPRING | *PRIMAVERA*

SUMMER | *VERANO*

AUTUMN | *OTOÑO*

WINTER | *INVIERNO*

THE JOURNEY of ELUSIVE LOVES

One rainy evening I began to think of the ancient myth of the soul mate. One that has traveled through centuries and reached hearts and minds similar to mine. The myth tells the story of The Gods first human creatures; made up of four legs, four arms, four ears and two faces. The Gods quickly became aware of the potential of the beings they created. They became afraid of their inclination for power and split them into two halves to separate them. They were cursed to spend their entire lives searching for their other half. Truth or not the idea that there is a soul somewhere in a near or distant land who might be the counterpart to my soul has always intrigued and inspired me to create. After all what inspires humanity are powerful ideas. Maybe it's not the power of love that drives the world but the power of thought. Thought breeds' creation, it is what drives us to do the things some consider impossible. It is in a thought, the idea of love that will move seas and merge worlds. My personal idea of love is the reason I write for the lover and for the dreamer. I write for those who aren't afraid to live and for those who aren't afraid to feel. I write about the moments I desire to live, because perhaps my words will motivate others to believe in love. Words are powerful, prophetic, and a little imagination goes a long way. So many nights I continue to write about a brightness that blinds and a certain feeling that overpowers. A spiritual connection my soul for years has yearned, like a missing piece to a puzzle. Or perhaps I am writing about him. Where is he? Will I ever meet him? If so, when will our souls reconnect?

Over the years my mind has played with the idea of one day finding my perfect match. With that longing in my heart, many years ago I began an inquisitive journey: the pursuit of romantic love. A journey that has been rewarded an equal amount of excitement and tears. A journey that has taught me about freedom, about what I want and what I don't want. A journey that I have come to understand as seasonal, because the truth of the matter is that love changes and everyone is capable of loving differently. Some of my love stories weren't meant to last a lifetime, not because I was unlucky but because those stories were only meant to be a lesson. It is my belief people come into our lives to teach us about ourselves, for us to become a better version of our current self.

I have accepted all that I have realized. I have learned to cherish the memories that were built with each kiss and each embrace. I've allowed my scars to become wisdom, and for my desires to become verbs. I present you my journey of "Elusive Loves", a compilation of poems composed by: timid loves, loves from afar, unrequited love, passionate loves, and loves that dried only to survive within words. Although the poems are all the product of unrealized loves, the verses were written because they were born from very strong feelings. So it is in love at times, strong feelings but sometimes ELUSIVE.

Genuinely,

Mirtha Michelle Castro Mármol

EL VIAJE de AMORES ESQUIVOS

Una tarde lluviosa comencé a pensar en el antiguo mito de almas gemelas. Un mito que ha viajado a través de los siglos y ha alcanzado corazones y mentes similares a las mías. El mito de almas gemelas cuenta una historia de las primeras criaturas humanas compuestas de cuatro piernas, cuatro brazos, cuatro orejas y dos caras. Los dioses tuvieron miedo porque estas criaturas tenían mucha inclinación por el poder que los dividieron en dos mitades iguales para separarlas. Eran condenados a pasar toda su vida en busca de su otra mitad para su realización. Verdad o no la idea de que hay una alma en algún lugar en un país cercano o lejano que podría ser la contraparte de mi alma siempre ha intrigado y me inspirado para crear. Después de todo lo que más inspira la humanidad son ideas poderosas. Tal vez no es el poder del amor que mueve el mundo como se nos ha enseñado, sino el poder del pensamiento es lo que crea y lo que nos mueve a hacer las cosas que algunos consideran imposible. El pensamiento de la idea del amor mueve mares y a la misma vez acerca mundos. Mi idea personal del amor es la razón por la cual escribo, para el amante y para el soñador. Escribo para los que no tienen miedo de vivir y para aquellos que no tienen miedo de sentir, escribo sobre los momentos que deseo vivir, porque a lo mejor mis palabras motivaran a otros a creer en el amor. Las palabras son poderosamente proféticas y un poco de imaginación nos lleva muy lejos. Son muchas las noches que sigo escribiendo sobre un cierto brillo que ciega y una cierta sensación que domina, una conexión espiritual que mi alma durante años ha anhelado, como una pieza que falta en un rompecabezas. Tal vez, estoy escribiendo sobre él. ¿Dónde está él? ¿Volveré a conocerlo? Si es así, cuando será que nuestras almas se conectarán.

A través de los años, mi mente ha jugado con la idea de algún día encontrar a mi ajuste perfecto. Con ese anhelo en mi corazón, hace muchos años comencé un trayecto inquisitivo en la búsqueda del amor romántico, que me ha llenado tanto de emoción como de lágrimas. Un trayecto que me ha enseñado acerca de la libertad y de lo que quiero y de lo que no quiero, un trayecto que he llegado a entender como de temporadas porque la verdad del asunto es que el amor cambia y todo el mundo puede amar de manera diferente. Algunas de mis historias de amor no estaban destinadas a durar toda la vida, no por mala suerte, sino porque esas historias sólo estaban destinadas a ser una lección en este camino. Es mi creencia que la gente entra en nuestras vidas para enseñarnos acerca de nosotros mismos, para que así lleguemos a ser una mejor versión de lo que ahora somos. He aceptado esa realización y he aprendido a apreciar y atesorar los recuerdos que fueron construidos con cada beso y cada abrazo. He permitido que mis cicatrices sean convertidas en sabiduría, y que mis deseos se conviertan en verbos. Les presento mi viaje de "Amores Esquivos" una compilación de poemas compuestos por: amores tímidos, amores de lejos, amores no correspondidos, amores apasionados, amores que se secaron y sólo sobrevivieron dentro de mis palabras. Aunque los poemas son el producto de amores no realizados, estos versos fueron escritos porque nacieron de sentimientos muy fuertes. Muchas veces los amores son muy fuertes, pero a veces ESQUIVOS.

Genuinamente,

Mirtha Michelle Castro Mármol

ESTACIONES

Sentí maripositas en la primavera.
Se pusieron calientes en el verano.
Nos separamos en el otoño.
Mi corazón se tornó frío en el invierno.
La tristeza trajo sus lágrimas.
Fue en ese entonces que comprendí
Que él no era más que una temporada
Y que toda una vida me espera
En los brazos de otro.

SEASONS

I felt butterflies in the Spring.
It got hot in the Summer.
We fell apart in the Fall.
My heart turned cold during Winter.
That sadness brought tears.
Then I understood.
He was only a season
A lifetime awaits
In the arms of another.

SPRING

PRIMAVERA

Cada hombre
Debería *envidiarte,*
Solo por la forma

En que te miro.

Every man
Should envy you,
Solely for the way

I look at you.

We met right after I experienced the worst break up of my life and although my heart wasn't ready for him he certainly left an impression on me. Two years later as I traveled through Europe he reached out, something he'd do every once in a while. He asked where my next destination was and I was a bit surprised when he invited me to visit him. Although we kept in touch we hadn't seen each other since our Miami fling ended two years earlier. Nonetheless, something inside of me prompted me to accept the invitation. Perhaps it was my strong desire for adventure or the need to experience another moment of love in my life. Only a moment because I knew from the start that any romantic committed relationship was out of the question.

During a dinner date two years before at a popular South Beach restaurant he entrusted me with the truth about the religious circumstances he was born into. He was born a Druze, a tiny sect that traditionally does not allow any conversions into the religion and requires for marriage to occur only between members. Their tradition was to keep their religion pure. And there I was about to meet a Druze in a country which was a far cry from the world I had been traveling in. When I arrived he had everything set up like a true gentleman. I knew some of his cousins and was looking forward to spending time with them as well. His team greeted me from the moment I stepped off the plane. I didn't know what to expect considering I had heard many stories of that part of the world. He warned me before I boarded the flight, which I considered cute and amusing. My adventurous spirit was excited about seeing new worlds and learning the reason why I was meant to be there. I arrived at his penthouse in an upscale area of the city. He welcomed me with a huge hug and an electrifying smile. He immediately provided me a sense of safety. Showed me around as he placed my things in the guest bedroom. He kept on saying how he couldn't believe I was actually there. Truthfully, I couldn't either. I had given up exploring Rome to go see him. But gladly the moment I saw his beautiful green eyes I knew I had made the correct decision and a feeling of peace came over me. He had a talent for hosting and I had a talent in observing him. He took me to some of his favorite places and we danced into the night. He introduced me to things that were unknown to me. I felt open, and I felt free. We took his boat to the beach with friends. Swam the currents and danced along the coast. We joked and shared stories, and any life worry quickly escaped my thoughts because I was genuinely happy.

My last night in his home arrived, before I had to return to Paris. We stayed up talking about our lives and how different they appeared to be. He expressed to me his desire to find a Druze partner and to start a family. I asked him "If you choose to marry a non-Druze, what's the worse that could happen?" With sadness in his voice he told me "then I'd lose my family. My parents would never speak to me again." What a terrible crossroads to be placed in.

I PUT MYSELF IN HIS POSITION AND MY HEART CRIED FOR HIM. NOT BECAUSE I STOOD IN FRONT OF AN AMAZING MAN WHO I KNOW I COULD'VE FALLEN DEEPLY IN LOVE WITH, BUT I WAS FORBIDDEN TO BE WITH. INSTEAD MY HEART FELT HIS PAIN AND I SELFLESSLY WANTED A WORLD OF HAPPINESS FOR HIM.

Although, we were from different worlds we both sought out the same type of spiritual connection with someone. We both believed our soul's counterpart was waiting for us in some unknown part of the world and we both shared the common fear of missing out on the opportunity to meet them. I asked myself how far would I be willing to travel to find that love?

The next day, I gathered my belongings before heading out to the airport, sat in his living room and had my last glass of wine. I looked out and watched the sunset one last time. Without knowing if I'll ever return there again I reminisced over my days with him and wondered if I had the same effect on him as he had on me. Did he also wonder what could be of us if our story wouldn't be as unattainable? The night eventually crawled in, so did the stars. I was sad to leave him and I observed the sky and told myself the stars are not the same everywhere in the world. Although they appear to be they don't always cause the same sensation, because we don't always take the time to notice their light. That night I saw them flicker like a plane approaching. They flickered like all the loves I've known and fought so hard to forget. Like all the love stories our destiny had written, just like the stars will soon dissipate. I said my goodbyes to him and expressed how wonderful it was to see him again. I told him I left him something in his nightstand. It was a note that said: "You are amazing! I hope you find your counterpart someday."

Nos conocimos justo después que experimenté la peor separación de mi vida y aunque mi corazón no estaba preparado para él, sin duda el había dejado una impresión en mí. Dos años más tarde, mientras viajaba en Europa el se comunicó conmigo, algo que hacía de vez en cuando y me preguntó dónde estaba mi próximo destino. Yo estaba un poco sorprendida porque me estaba invitando a visitarlo, teniendo en cuenta que, aunque nos mantuvimos en contacto no nos habíamos visto desde nuestra aventura en Miami uno dos años antes. Sin embargo, algo dentro de mí me impulsó a aceptar la invitación. Tal vez fue mi fuerte deseo de aventura o la necesidad de experimentar un momento de amor de nuevo en mi vida. Momento porque sabía desde el principio que cualquier relación de compromiso romántico estaba fuera de la invitación.

Durante una cena hace aproximadamente dos años en un popular restaurante de South Beach él me había confiado la verdad sobre las circunstancias religiosas en la cual había nacido. Nació siendo Druso, una pequeña secta que tradicionalmente no permite las conversiones a la religión y requiere que para efectuar un matrimonio se produzca sólo entre miembros de dicha religión. La tradición era mantener su religión pura. Y allí estaba yo a punto de visitar a un Druso en un país que era, muy diferente al mundo al que yo acostumbraba vivir. Cuando llegué tenía todo preparado como un verdadero caballero. Sabía que algunos de sus primos estaban en ese lugar y tenía muchas ganas de pasar tiempo con ellos. Su equipo me saludó desde el momento en que me bajé del avión. Yo no sabía qué esperar, teniendo en cuenta que había oído muchas historias de esa parte del mundo. Me advirtió antes del vuelo lo diferente que era todo en ese lugar, algo que yo considere lindo y chistoso. Mi espíritu aventurero estaba emocionado de ver nuevos mundos y aprender la razón por la que estaba destinada a estar allí. Llegué a su penthouse en una zona exclusiva de la ciudad. Él me recibió con un gran abrazo y una sonrisa electrizante. De inmediato me dio una sensación de seguridad. Me mostró los alrededores mientras colocaba mis cosas en la habitación de invitados. Siguió diciendo que no podía creer que estaba realmente allí. La verdad es que yo tampoco. Yo había renunciado a la exploración de Roma para ir a verlo, pero con mucho gusto el momento en que vi sus hermosos ojos verdes sabía que había tomado la decisión correcta y una sensación de paz se apoderó de mí. Él tenía un talento para la celebración y yo tenía un talento para observarlo. Me llevó a algunos de sus lugares favoritos y bailamos la noche entera. Me presentó cosas que eran desconocidas para mí. Me sentí abierta, y me sentí libre. Tomamos su barco a la playa con sus amigos. Nadamos las corrientes y bailamos por la costa. Bromeamos y compartimos historias, y cualquier preocupación de la vida se escapó rápidamente de mis pensamientos porque yo estaba realmente feliz.

Llegó la última noche en su casa, antes de tener que volver a París. Estuvimos hablando de nuestras vidas y lo diferentes que parecían ser. Él me expresó su deseo de encontrar una esposa Drusa y formar una familia. Le pregunté: "Si decides casarte con una que no sea Drusa, ¿Qué es lo peor que podría pasar?" Con tristeza en su voz me dijo: entonces perdería a mi familia. Mis padres nunca me hablarían de nuevo." Qué encrucijada terrible sería estar en esa posición.

ME PUSE EN SU LUGAR Y MI CORAZÓN LLORÓ POR ÉL. NO PORQUE ESTABA FRENTE A UN HOMBRE INCREÍBLE DEL QUE ME PODRÍA HABER ENAMORADO PROFUNDAMENTE, Y PORQUE EL ERA UN HOMBRE PROHIBIDO. SINO MI CORAZÓN SINTIÓ SU DOLOR Y DESINTERESADAMENTE QUERÍA UN MUNDO DE FELICIDAD PARA ÉL.

Y aunque éramos de diferentes mundos, los dos sabíamos que estábamos buscando el mismo tipo de conexión espiritual con alguien. Ambos creíamos que las contrapartes de nuestras almas nos estaban esperando en alguna parte desconocida del mundo y por lo tanto ambos estabamos compartiendo el temor común de perder la oportunidad de reunirse con ellos. Y me pregunté hasta dónde estaría yo dispuesta a viajar para encontrar ese amor?

Al día siguiente, después de que yo recogí mis pertenencias antes de salir hacia el aeropuerto, me senté en la sala de su casa y tomé mi última copa de vino. Miré y vi la puesta del sol por última vez, sin saber si regresaría allí de nuevo, recordé mis días con él y me pregunte si sería posible que yo tuviera el mismo efecto en él como el lo tuvo en mí. ¿También me pregunté lo que podría haber sido de nosotros si nuestras historia no fueran tan inalcanzable? La noche finalmente llegó, igual que las estrellas. Me entristeció tener que dejarlo y observé el cielo y me dije que las estrellas no son las mismas en todas partes del mundo. A pesar de parecer iguales, pero no siempre causan la misma sensación, ya que no siempre tomamos el tiempo para observar su impresionante luz. Esa noche ellas parpadeaban como un avión que se aproxima. Ellas parpadearon como todos los amores que he conocido y he luchado para olvidar. Como todas las historias de amor que nuestro destino había escrito, pero al igual que las estrellas pronto se disiparán. Me despedí de él y expresé lo maravilloso que fue volver a verlo. Le dije que le dejé algo en su mesita de noche. Era una nota que decía: "Eres increíble! Espero que encuentres tu contraparte algún día."

VIVAMOS UNA HISTORIA DE AMOR

El mundo es blanco y negro
Cuando no estás a mi lado.
No hay color en primavera
Y los cerezos no florecen.
Tu sonrisa ilumina,
La parte más obscura de mí.
Mi amor debe conquistarte
Porque te necesito como las hojas necesitan de su árbol.
He pensado en una vida sin ti,
He tratado de dejarte ir;
Pero nuestro amor es como una brújula
Que todas las direcciones me llevan de vuelta a ti.
No me preguntes ¿por qué Te quiero?
Cuando todo lo que tienes que hacer es ver.
¿Es tan difícil de explicar con palabras
Cuando este amor por mis poros segrega?
Ahora, toma mi mano
Y nunca me dejes ir.
Vivamos una historia de amor
Sin orgullo,
Y llena de alegria.
Vivamos una historia de amor,
a la que estamos destinados.

LET'S LIVE
A LOVE STORY

The world is black and white
When you're not next to me.
There is no color in the spring
Cherry Blossoms don't exist.
Your smile enlightens
The darkest part of me.
Our love must conquer
For I need you as leaves need their tree.
I have thought of life without you
I have tried to set you free
But our love is like a compass
And every direction leads me back to thee.
Don't ask me why I love you
When all you have to do is see.
How difficult to explain in words
When this love from my pores secretes.
Now take my hand
And never let me go.
Let's live a love story
One without pride
And full of joy.
Let's live a love story
One that was destined
By our creator up above.

INFATUACIÓN

Si una parte de mí no fuera orgullosa
Le confiaría la verdad de lo que siento.
La verdad de cómo me encanta su sonrisa contagiosa
Y sus dientes perfectos.
La verdad de cómo me encanta la textura de su pelo
Que me recuerda el ébano en la primavera.
Primavera, por qué cuando lo veo
Los sentimientos comienzan a florecer dentro de mí?
Mariposas
Comienzan a remolonear
Emociones olvidadas resurgen.
Enamorada me he sentido
Con sus labios
De lo bien que se sincronizan con los míos.
Tengo que besarlos una y otra vez.
Permaneceré sobria
Para así no olvidar
Su sabor
Y de cómo se siente
Descubrir cada pulgada
De mi fría, fría piel.

INFATUATION

If part of me wasn't a proud being
I would honestly confide in him the truth.
The truth of how I love his contagious smile
And his perfect teeth.
The truth of how I love his perfect hair
That reminds me of ebony in the spring.
Spring because when I see him
Feelings begin to bloom out of me.
Certain butterflies
Begin to circle
Motions I forgot exist.
Infatuated I have become
With his lips
And how well
They sync with mine.
I must kiss them
Again and again
Very sober
So I won't forget
The way they taste
The way they feel
Discovering every inch
Of my cold, cold flesh.

CUANDO ME MIRAS

CUANDO ME MIRAS
Me hundo en el mar
De tus ojos claros
Mientras tu sonrisa
Me hipnotiza.

CUANDO ME MIRAS
El tiempo no es tiempo
Ya que se convierte
En una secreta eternidad
Que no termina.

CUANDO ME MIRAS
Me elevo
Al más alto de los sueños
De donde nunca
Quisiera despertar.

CUANDO ME MIRAS
Me olvido de este mundo
Y transciendo a un nuevo mundo
De amor y fantasía
Donde existimos sólo tú y yo.

WHEN YOU LOOK AT ME

WHEN YOU LOOK AT ME
I sink in the sea
Of your light eyes
While to your smile
I fall hypnotized.

WHEN YOU LOOK AT ME
Time is no longer time.
It becomes
A secret eternity
That does not end.

WHEN YOU LOOK AT ME
I elevate
To the highest of dreams
In which I never want
To awake from.

WHEN YOU LOOK AT ME
I forget about this dimension
And transcend into a new world.
One of love and fantasy
Where only you and I exist.

EN MI CORAZÓN SIENTO

En mi corazón siento
La verdad entre tú y yo.
La manera que los dos
Nos miramos al hablar.

En mi corazón siento
Que nacimos para amarnos.
La vida nos trae sorpresas
Cuando menos lo esperamos.
Y tu eras una de ellas.

I FEEL IN MY HEART

I feel in my heart
That I know
The truth of you and I.
The way we look at each other
When we speak.

I feel in my heart
We were born
To love each other.
Life often brings us surprises
When one least expects it
And you were one of them.

LA CANCIÓN DEL AMOR

Estoy romántica esta noche,
Porque te acabo de oír cantar.
Esas bellas canciones
Que siempre me hacen vibrar.
Y es que esas letras
Me hicieron recordar lo lindo que es el amar.

Por favor sigue cantando
De ese amor puro y consentido
Y a veces nunca repetido.
Que mucha gente quisiera olvidar.
La verdad es que ese amor
Es el más lindo
De todos los amores sin contar.

Así que continúa deleitándome
Con tus canciones
Aunque me hagan llorar.
No te preocupes por mis lágrimas.
Ya que son de felicidad,
De la alegría de saber
Que mi corazón no parará de palpitar.

Este sentimiento
Es más fuerte que los vientos
De una vil tormenta
Que nunca podrás controlar.
Así es el amor
Afortunadamente en el corazón
No se puede mandar
Y mucho menos limitar.

Esta noche soñaré
Con esa dulce voz que me inundaba
Y me hablaba
Sobre esa canción
Que canta el corazón
Cuando conoces por primera vez
El verdadero Amor.

THE SONG OF LOVE

I am romantic tonight
Because I just heard you sing.
Beautiful songs
That have the power to make me feel.
And it is in your words
I remember how important it is to love.

Please continue singing
About a love that's pure and rare
Sometimes never lived
And which many forget exists.
The truth is that kind of love
Is the most genuine
Of all the loves without a doubt.

Please continue delighting me
With your songs
Even when they make me cry.
Do not worry about my tears
Since they originate
From the joy of knowing
My heart's beating will not stop.

Because this feeling
Is stronger than the winds
Of an uncontrollable tempest
That I'll never choose to calm.
Fortunately in love
The heart cannot be limited
Much less tamed.

Tonight I'll dream
With that sweet voice
That changed me
And spoke to me
About the song
The heart sings
When it first meets
One's true love.

LA FRECUENCIA
DEL AMOR

¿Cómo vas a decir que me amas?
¿Cómo vas a pronunciar cada letra
Para que llegue a mi corazón
Y considerarlo verdad?
Te amo-
Tal vez dirás.
Sé que odias mi ultimátum
Pero, dime
¿El significado de esas palabras preservaras?
¿Qué tan fuerte es el sonido de tu amor?
¿Es más allá del sonido de las olas
rompiendo a las orillas más cercanas?
¿Qué tan fuerte es el sonido de tu amor?
¿Hasta dónde viajara tu frecuencia
Con el fin de mantener este amor?

THE FREQUENCY OF LOVE

How will you say you love me?
How will you pronounce each vowel
For it to reach my heart
And for I to count it as truth?
I love you
Perhaps you'll say.
I know you hate my ultimatums
But tell me
Will the meaning of those words stay?
How strong is the sound of your love?
Is it beyond the sound of waves
Crashing on a nearby shore?
How strong is the sound of your love?
How far will your frequency travel
In order to keep my love?

EN TU PRESENCIA

Cómo el relámpago necesita del rayo.
Cómo el ventilador necesita su velocidad.
Cómo el nadador necesita de su aliento.
Tu amor,
Posee la intensidad
Que me hace sentir.
Mi corazón se mitiga,
En tu presencia.

IN YOUR PRESENCE

How lighting needs its bolt.
How the fan needs its speed.
How swimmers need their breath.
You my love,
Possess the intensity
That makes me feel.
My heart softens,
In your presence.

AMOR FENÓMENO

Cuando cae la noche
Y las estrellas se alinean en el cielo
Tengo la suerte de encontrarme en tus brazos.

En noches como esas
Entiendo muy claramente,
Que lo que proporcionas en mí es Verdaderamente infinito.
Entiendo porque las galaxias no se pueden ver
Con la simple vista.

En noches como esas
Entiendo porque la vida me sorprendió.
Un amor tan hermoso,
No podría ser planeado
Por dos simples mortales como tú y yo.

La forma en que me haces sentir parece ser
pre-ordenado.
Los cielos con toda su gracia sobrenatural,
Se Alinearon para formar la magia que creamos.

Todos los átomos de mi cuerpo
Están fielmente atraídos a los tuyos.
Somos más allá de un enlace químico
Somos una fuerza electromagnética.
Un verdadero fenómeno
Que los humanos llaman amor.

LOVE PHENOMENON

When the night falls
And the stars align the sky
I am blessed to find myself in your arms.

On nights like these
I understand so very clearly
That what you provide me is truly infinite
As the galaxies we cannot see
With the naked eye.

On nights like these
I understand why life surprised me.
A love so beautiful
Could not have been planned
By mere mortals as you and I.

The way you make me feel was pre-ordained.
The heavens with all its supernatural grace
Aligned itself to form the magic we create.

All the atoms in my body
Are faithfully attracted to yours.
We are beyond a chemical bond
We are an electromagnetic force.
A true phenomenon
One which humans call love.

VERANO

SUMMER

Puedo ser tu *fuego,*

Pero *tienes* *que prometerme*

Que nunca *Me* *apagaras.*

I can be your fire,

But you must promise

To never
put me out.

It was the Fourth of July, I saw him from afar as he walked into the party. How could I miss his 6 foot 3 frame and intoxicating smile? I immediately picked my heart up from the floor and ran the opposite direction. I didn't want to see him, and I surely didn't want him to see me. I didn't want to connect with his beautiful eyes again. I wanted to completely leave him behind, where he belonged: in my memories. Although we didn't share a 'long-term' relationship he definitely left his mark on me. He was responsible for reminding me what it was like to fall passionately for someone again. He took me so high only to disappoint me. He was elusive; the most elusive man I had ever met.

We first met years ago on a wild Hollywood night. I had gotten into a fight with my then boyfriend. A fight that made me storm out of my boyfriend's house with a desire to rebel. A girl's night out involving too much champagne and hopping from club to club. Then, as if time stopped I locked eyes with one of the most charming and dashing men I had ever encountered. Something immediately pulled me to him. An intense attraction, which briefly made me forget about working things out with the boyfriend I had stormed out on. It was the closest I've ever been to falling in love with someone at first sight. I noticed afterwards I had a sense of fear when it came to how he made me feel. So much heat that I feared the ending to the point that I jeopardized the beginning. Two days later I returned to safety. To what I already knew. To the arms of the boyfriend I loved. Sometimes our decisions alter the timing of our destiny, but eventually what will be, will be. And at that time I was meant to continue living out another story.

Years later we found each other again. It was not in the same fashion as how we met years before but something still sparked. His eyes in particularly when he saw me. His eyes were a bright blue and clear enough to see my own reflection. And with a smile on my face I slowly wanted to drown myself in them. I was single and open to love. He had a way with words. At times I found myself seduced by a mere text conversation. That's the problem with women like me. We are seduced by a combination of words, beauty, and the simple idea of love. We fall far too easy for those men who make us feel. If love is a many splendored thing, vulnerability is then an inexplicable thing. It is the fear of crashing and the fear of falling. And within the bruises of the fall the decision of giving any, if any remaining parts of your heart.

He knew his power over people. He was handsome, successful, smart, positive, and passionate about life and people. For most women on paper he was a catch. Our conversations were always intense and inspirational. He wanted to impact the world. Told me about his humble beginnings and how he felt a responsibility to motivate others to achieve their own personal greatness. I admired him because of it, perhaps because I also strived for similar things. He knew how to compliment me too. There was nothing he'd tell me that was wrong in my eyes. He was romantic and also a writer. When we were apart he'd write me words like "I can't wait to see you. I can' t wait till you breathe into me." The first time we made love was unforgettable. It was a warm September night and the moon was almost full. I remember her clearly because she witnessed our lovemaking. We made love outside, under the moon, and my entire anatomy was convinced I was where I belonged. It was magical. His house was at the top of the hill, I felt I could touch the moon from wherever I stood. Those first weeks I thought I was being blessed for all the heartbreak I had experienced before him. I thought I had found my match. Sadly, it was too good to be true.

He began to change, and his actions didn't line up with his words. I began to pull back and although I genuinely wanted to spend time with him, I began to turn down his offers. I wasn't that young naïve girl anymore; I knew what our ending would be so I decided to save myself from any further disappointment. Because after-all heartbreak occurs from high expectations, and I knew how fickle people could be and I also knew hearts and minds change daily. One evening during a conversation he asked me "What do you feel for me? I need to know" I responded with the truth. I told him that what I felt for him was real but he wasn't acting right. I knew my worth and I wasn't going to allow him or any man to not treat me accordingly. It doesn't matter how busy someone can be, if they want to spend quality time with you they will make it happen. And although we were both lovers of words I understood that we valued our words differently. He was good at selling ideas for a living, and the same talent that made him so appealing was also what made him so elusive.

WHEN HE WANTED ME THE MOST, I WANTED HIM THE LEAST. WHEN I WANTED HIM THE MOST, HE WANTED ME THE LEAST. AND SO IT IS THE STORY OF TWO SOULS WHO BATTLE EACH OTHER INSTEAD OF ALLOWING EACH OTHER TO REMAIN IN SYNC.

Era un cuatro de julio, fue un día inolvidable desde que lo vi entrar a la fiesta. ¿Cómo no podía haber visto su altura de 6 pies y 3 pulgadas, y esa sonrisa embriagadora? Inmediatamente mi corazón se agitó, pero mi incorporé y me dirigí hacia la dirección opuesta. No quería verlo, y no quería que el me viera. No era mi intención conectar con sus hermosos ojos de nuevo. Quería dejarlo completamente detrás en el pasado, en donde ya el pertenecía, simplemente en mis recuerdos. Aunque no compartimos la relación más duradera, el definitivamente había dejado huellas en mi vida, el había sido el responsable de hacerme entender lo que era enamorase apasionadamente de alguien nuevamente. Él me llevó tan alto pero me decepcionó, ahora era muy difícil encontrarme con el hombre más esquivo que había conocido.

La primera vez que lo conocí fue hace años en una noche de fiesta en Hollywood. En ese entonces estaba tan enojada con mi novio actual, lo que quería era rebelarme y desahogarme. Entonces había decidido salir con mis amigas y tener una noche fuera del problema, y que mejor que mucho champán y saltar de un club a otro para simplemente olvidar. Como si el tiempo se detuviera cerré mis ojos para así compartir con uno de los hombres más encantadores y apuestos que jamás había conocido. Algo inmediatamente me había atraído hacia él, una atracción intensa, lo que hizo olvidarme de querer resolver los problemas con mi novio anterior. Esa fue la experiencia más cercana que he tenido de enamorarme a primera vista. Me di cuenta después que tuve una sensación de miedo con respecto a la forma que el me hiciera sentir. Dos días más tarde volví a la seguridad, a mi normalidad, a lo que yo conocía, los brazos del novio que realmente amaba. A veces nuestras decisiones alteran el calendario de nuestro destino, pero al final lo que será, será. Y en ese momento yo estaba destinada a continuar viviendo otra historia de amor.

Años más tarde nos encontramos otra vez. No fue de la misma manera como la forma en que nos conocimos años atrás, pero entre nosotros existía algo que seguía desatando emociones, sería su mirada penetrante cuando me divisaron ya que sus ojos son de un azul brillante y suficientemente claros como para ver mi propio reflejo, y con una sonrisa en mi cara poco a poco me quería ahogar en ellos. Yo estaba soltera y abierta al amor, con una habilidad a las palabras, por lo que me encontré seducida por una simple conversación de texto. Ese es el problema con las mujeres como yo, somos seducidas por una combinación de palabras, belleza y una idea del amor ideal y por eso, muchas veces caemos con esos hombres que nos hacen sentir todas esas emociones. Si el amor es una cosa esplendorosa, la vulnerabilidad es entonces otra cosa inexplicable. Es el miedo a estrellarse y al mismo tiempo el miedo a caer. Y que dentro de las contusiones de esa caída nos lleve a la decisión de entregar cualquier de las partes restantes de nuestro corazón.

El conocía su poder sobre la gente. Era guapo, exitoso, inteligente, positivo, y muy apasionado por la vida y las personas. Para la mayoría de las mujeres, era considerado el hombre ideal. Nuestras conversaciones eran siempre intensas e inspiradoras. El quería impactar al mundo, me había hablado de sus humildes comienzos y cómo sentía la responsabilidad de motivar a otros a alcanzar su propia grandeza personal. Yo lo admiraba por eso, tal vez porque al cabo yo también me había esforzado por cosas similares. Sabía cómo darme cumplidos que me hacían sonrojar. No había nada que me dijera que estuviera mal para mí. Era romántico y también escritor, cuando estábamos lejos él me escribía palabras como "No puedo esperar a verte, no puedo esperar hasta que respires en mí." La primera vez que hicimos el amor fue inolvidable. Era una noche cálida de septiembre y la luna estaba casi llena. La recuerdo con claridad, porque ella fue testigo de nuestro amor. Hicimos el amor afuera, bajo la luna, y toda mi anatomía estaba convencida de que yo estaba donde pertenecía. Fue mágico! Su casa estaba en la cima de la colina y sentía que podía tocar la luna desde donde yo estaba. Esas primeras semanas pensé que estaba siendo bendecida por que toda la angustia que había experimentado antes que él se habían desvanecido. Pensé que había encontrado mi partido. Lamentablemente, era demasiado bueno para ser verdad.

Él comenzó a cambiar, y sus acciones no se alineaban con sus palabras. Empecé a dejarme de el y aunque yo realmente quería pasar tiempo con él, empecé a rechazar sus ofertas. Yo ya no era una joven ingenua y me di cuenta cual sería nuestro final y decidí guardarme de cualquier otra decepción en mi vida. Porque después de todo, ya sabía lo que produce un corazón roto son las altas expectativas, sabía lo voluble que las personas podrían ser, y también sabía que los corazones y las mentes cambian diariamente. Una noche, durante una conversación, me preguntó "¿Qué sientes por mí? Necesito saber." Le respondí con la verdad. Le dije que lo que sentía por él era real, pero que el no estaba actuando bien. Yo conocía mi valor y yo no iba a permitir que él o cualquier hombre no me trataran como tal. No importa lo ocupado que alguien puede estar, si quieres pasar tiempo de calidad con alguien lo vas a intentar hasta que suceda. Y aunque ambos éramos amantes de las palabras comprendí que estábamos valorando nuestras palabras de forma muy diferente. El era muy bueno vendiendo ideas para ganarse la vida. Ese mismo talento que lo hacía tan atractivo y exitoso, era también el que lo hacía tan esquivo.

CUANDO ÉL ME QUERÍA MÁS, YO LO QUERÍA MENOS, Y CUANDO YO LO QUERÍA MÁS, ÉL ME QUERÍA MENOS. Y ASÍ ES LA HISTORIA DE DOS ALMAS QUE LUCHAN ENTRE SÍ, EN LUGAR DE PERMITIR PERMANECER EN SINCRONÍA.

TUS BESOS

Tus besos tienen sabor a vino.
Vino tinto
Vino dulce.
Mis labios te esperan
Como la llama a su hoguera.
Ya que no hay besos
Qué me emborrachen más,
Qué esos besos tuyos!
Besos
Con sabor a vino
Vino tinto
Vino dulce.
Mis labios te esperan
Como la llama a su hoguera.

YOUR KISSES

Your kisses taste like wine.
Red wine
Sweet wine.
My lips are waiting for you
Like the bonfire needs its flame.
Since no kisses
Inebriate me more
Than those of your kisses!
Kisses
With wine flavor
Red wine
Sweet wine.
My lips are waiting for you
Like the bonfire needs its flame.

CÓMO EXPLICAR
POR QUÉ TE AMO

Me preguntan ¿por qué es que te amo?
Y les miro con toda confusión.
Es cómo preguntarme ¿por qué es el cielo azul?
¿Por qué las aves trinan?
Y ¿por qué el mar tiene olas infinitas?

Cómo explicar que cuando estoy contigo me siento viva
Que sólo tu voz me ánima
Que los años no han apagado nuestra química.
Que cuando te veo no te juzgo
Porque lo que siento por ti es puro amor.

Cómo explicar que el amor es como el viento
Que aunque con los ojos no lo ves
Siempre se siente porque es una fuerza que te hace vibrar.
Cómo explicar que él amor
Hasta controla como uno respira

La verdad es que lo nuestro
Ninguna explicación necesita.
Aunque me llamen loca
Para mí, este es un amor que inspira
A siempre dar pasos que mi conciencia con paz admira.

EXPLAIN WHY I LOVE YOU?

I am asked why do I love you?
And I look at them with much confusion.
It's like asking why is the sky blue?
Why do birds sing?
And why does the sea have endless waves?

How can I explain that when I'm with you I feel alive?
That only your voice restores me
And the years have not dampened our chemistry.
That when I see you I do not judge you
Because what I feel for you is genuine.

How to explain that my love for you is like the wind?
Although eyes cannot see it
It is a force whose vibration one can feel.
How to explain that love can even
Control the rate of a lover's breathing?

The truth is that our love
Needs no explanation.
They can call me crazy
But this is a love that inspires me
And always makes me take steps
That my conscience with peace admires.

PASIÓN

Dicen
que la pasión
No dura para siempre
Pero, ¿por qué no desafiar el tiempo
Y que nuestra pasión
dure una eternidad?

PASSION

Some say
That passion
Does not last forever
But why not defy time?
And make our passion
Last an eternity.

LA CUESTIÓN

La cuestión no es sí
Puedo vivir sin ti.
Todos somos capaces
de realizar tareas difíciles.
La pregunta es, ¿sí quiero
Tu voz en mi oído,
Tu piel en mi piel,
Y, mi corazón en tus manos?
Esas son las cosas
Precisamente, que no quiero que me falten de ti.

THE QUESTION

The question is not whether or not
Can I live without you.
We are all capable
Of performing difficult tasks.
The question is:
Do I want to?
Your voice in my ear
Your skin on my skin
My heart in your hands
All things
I do not want to live without.

TODO

Él era mi calor,
y mi brisa.
Mi sol,
y mi luna.
La tempestad,
y la calma.
Todo,
a la misma vez.

EVERYTHING

He was my heat
And my breeze
My sun
And my moon
The storm
And the calm
Everything
All at once.

PUEDO DESCRIBIRTE

Puedo describirte
En un centenar de diferentes
Formas vulgares.

Describir tu cara mientras me desnudo.
Describir los sonidos que haces
Cuando te toco en el lugar correcto.

Confía en mí…
Puedo describirte
En un centenar de diferentes
Formas vulgares.

Pero, soy codiciosa,
¿Por qué debo compartirte con los demás?
Mantendré esos datos en privado
Como lo buena egoísta que soy.

I CAN DESCRIBE YOU.

I can describe you
in a hundred different
vulgar ways.

describe your face as I undress.
describe the sounds you make
when I touch you in the right place.

trust me
I can describe you
in a hundred different
vulgar ways.

but I'm greedy,
why share you with the rest?
I'll keep those private details
all to my selfish self.

ARRÁNCAME

Arráncame con tus besos
Levanta cada capa de mi superficie.
Hasta que descubras
Mi debilidad oculta.

PEEL ME

Peel me with your kisses
Lift every layer of my surface.
Until you discover
My hidden weakness.

PRSIONERA
DE TU AMOR

Esta noche soy prisionera de tu amor,
Tómame de todas las formas que me deseas.
Hazme sentir esas cosas,
Que mujeres recatadas son muy tímidas de conversar.
Aliméntame con tu pasión
Quiero probar el vino directamente de tus labios.
Borracha de ti es lo que quiero estar,
Cumple tus fantasías conmigo.
Disfruta de este anhelo.
De cada punto en el que la luz y la oscuridad se encuentran.
Porque, esta noche prisionera de tu amor,
Seré.

PRISONER
OF YOUR LOVE

Tonight I am a prisoner of your love
Take me anyway you'd like.
Make me feel those things
Demure women are coy to speak about.
Feed me your passion
I want to taste the wine straight from your lips.
Drunk of you is what I want to be
Fulfill your fantasies with me.
Take advantage of this craving
Every point where light and darkness meet.
For tonight a prisoner of your love
I shall be.

¿PUEDO?

¿Puedo embotellar tu olor
Y empapar mis almohadas con él?

Así que cuando te hayas ido
Pueda inhalarte
Mientras duerma.

Y al despertar
Al abrir mis ojos
Seas sólo tú
A quien vuelva oler.

CAN I?

Can I bottle up your scent,
and soak my pillows with it?

So when you are gone,
I can inhale you,
as I sleep.

And when I wake,
It is you,
who I'll smell.

First thing,
Once my eyes open.

SÍ NO
ESTUVIERA ESCRITO

Si no estuviera escrito
Que nunca nos enamoraríamos
Entonces no debiéramos
Luchar contra el destino.
Viviéramos el presente
Y cediéramos a la lujuria.

IF IT'S
NOT WRITTEN

If it's not written
For us to ever fall in love
Then we shouldn't
Fight with destiny.
Let's live in the present
And give in to lust.

INALCANZABLE

De todas las cosas
Que ella amaba más
Él fue, seguramente el más
Inalcanzable.

UNATTAINABLE

Of all the things
She loved the most
He by far was the most
Unattainable.

RESPIRA EN MI

Nuestros corazones de repente
Se encuentran
Mientras el momento
Nos hace libres.
En la noche
Respira,
Respira en mí.

BREATHE INTO ME

Our careless hearts
Find each other
As the moment
Sets us free.
In the night
Breathe,
Breathe into me

OTOÑO

AUTUMN

Tu eres simplemente

Dolorosamente,

Dañino,

PARA MÍ.

You are simply

Painfully,

Unhealthy,

FOR ME.

He tenido una afinidad por los sueños desde hace mucho tiempo. En mi opinión, los sueños son poderosos. Creo que nuestros sueños son la visión para el viaje de nuestras almas. Cuando estamos dormidos nuestros cuerpos están relajados, y caemos en un estado vulnerable. Un estado en el que creo que tanto nuestros deseos y temores pueden vivir libremente sin juicio. Una noche mientras dormía junto a mi amado experimenté un sueño increíble. Fue una experiencia que me elevo a un estado de felicidad sublime. En el sueño, nuestra historia problemática de amor era todo lo contrario, nosotros vivíamos completamente felices, no había confusión, solo la certeza de que nuestro amor era verdadero. Cuando me desperté y me di cuenta que sólo era un sueño, lo miré y quise compartir el sueño con él. Lo abracé mientras dormía y me dije que tal vez no lo entendería. Las relaciones no pueden ser forzadas, sobre todo con cuentos sobrenaturales y de la forma idealista que en mis sueños nuestra relación funcionaba al contrario de lo que pasaba en nuestro presente.

EMPECÉ A PENSAR QUE TAL VEZ SOMOS ALMAS QUE VIVIMOS EN UNIVERSOS PARALELOS. ¿Y SI TODO LO QUE NO TENEMOS EN ESTE TIEMPO PRESENTE ES POSIBLEMENTE LO QUE ESTAMOS VIVIENDO AL MISMO TIEMPO EN OTRO UNIVERSO? TAL VEZ, ESA ES LA RAZÓN POR LA QUE CUAL LUCHAMOS POR COSAS QUE PARECEN OBLIGADAS DEBIDO A QUE EN ESE OTRO MUNDO PARALELO ESAS SON LAS COSAS QUE CONOCEMOS, Y YA ESTÁN FAMILIARIZADAS CON NUESTRA ALMA.

Él en verdad era familiar para mi alma por eso lo abracé tan fuerte, tal vez por la frustración que en nuestra dimensión yo estaba luchando para que me amara de la misma forma en que yo le amaba. En ese momento entendí que todos amamos de maneras diferentes, y el amor se siente a menudo en diferentes momentos. Tal vez yo estaba dotada con la capacidad de amar más y su alma tal vez todavía estaba aprendiendo a amar.

I've had an affinity for dreams for as long as I can remember. Dreams in my opinion are powerful. I believe our dreams are the insight to the journey of our soul. When we are asleep our body is relaxed and we fall into a vulnerable state. A state in which I believe both our desires and fears can live freely without judgment. One night while sleeping next to my lover I experienced an amazing dream. It was an experience that elevated me to a euphoric state of happiness. In the dream our plagued love story was quite the opposite. In the dream we were extremely happy. There was no confusion, only certainty that we were each other's true love. When I woke up and realized it was only a dream, I looked at him and wanted to share the dream with him. I hugged him as he slept and told myself that perhaps he wouldn't understand. That relationships can't be forced, especially with supernatural stories of how in my dreams our relationship worked, unlike in our present.

I BEGAN TO THINK THAT MAYBE WE ARE SOULS LIVING IN PARALLEL UNIVERSES. WHAT IF EVERYTHING WE DON'T HAVE IN THIS PRESENT TIME, IS WHAT WE'RE LIVING AT THE SAME TIME IN ANOTHER UNIVERSE? MAYBE, THAT'S THE REASON WE FIGHT FOR THINGS THAT SEEM FORCED, BECAUSE IN THAT OTHER PARALLEL WORLD THOSE ARE THE THINGS WE KNOW, AND THEY ARE FAMILIAR TO OUR SOUL.

He indeed was familiar to my soul. I hugged him so hard out of frustration because in our dimension I was fighting for him to love me the way I loved him. In that moment I understood people all love differently, and perfect love is often felt at different times. Maybe I was gifted with the ability to love more and his soul perhaps, was still learning what it is like to truly love.

DESPRENDIDA

No he sido la misma desde que
Decidí separarme de ti.
Me convertí en fugitiva de mis propias palabras.
Todo lo que puedo recordar es cuando conducía hacia el sol
Y observaba como se escondía detrás de las montañas.
Observaba como se derretía
Y se formaba uno con el desierto.
Me aguante cada lágrima
Porque el decir adiós
Se había convertido en demasiado familiar.

DETACHMENT

I haven't been myself since
I decided to detach.
I became a fugitive of my own words.
All I can remember is driving into the sun
Watching it hide behind mountains
Watching it melt
And become one with the desert.
I oppressed every tear
Because saying goodbye
Had become too familiar.

MALDITO

Mi corazón ya no aguanta más.
Mis ojos ya están secos de llorar.
Me siento débil,
Trastornada y locamente
Desilusionada.
Todo por un maldito
Que me subió al cielo
Y me bajó sin que yo—
Le importara nada.

BASTARD

My heart cannot take any more.
My eyes are dry
From too much crying.
I feel weak
Upset and madly
Disillusioned.
All for a bastard
Who showed me heaven
Then dropped me
Without a care in the world.

ESPEJISMO

Me despierto
Eres más que un sueño.
Tú eres el fantasma que me frecuentas
Con asignaturas pendientes
Para mi alma.
Aún errante
Entre mi realidad y mi fantasía.
Tu almohada junto a la mía
Permanece allí
Impaciente.
Tus ojos se han convertido en un espejismo
En el desierto de mi amarga soledad
Te veo
Te siento.
Tu esencia está en cada punto de mi cuerpo.
Mi mente se sumerge con tus pensamientos.
Tu aroma es mi oxígeno,
Tu tacto es mi adicción.
Me quedé seducida
Esperando pacientemente
Para que la droga de tus brazos rescate
Aquello que queda de mí.
Sólo la sombra de esa mujer
A quien mentiste de haber amado una vez.

MIRAGE

I awake
It was all a dream.
You are a haunting ghost
With unfinished business
With my soul.
Still wandering
Between my reality and my fantasy.
The pillow next to mine
Remains unmoved.
Your eyes have become a mirage
In the desert of my bitter loneliness.
I see you
I feel you
Your essence is in every pore of my body
My mind is immersed by thoughts of you.
Your aroma is my oxygen
Your touch is my addiction.
I lay seduced
Waiting patiently
For the medicine of your arms to rescue
What is left of me.
A shadow of the woman
You said to have loved long ago.

DIME

Dime ¿por qué es que todavía pienso en ti?
¿Por qué es que tu mirada
Me persigue como un villano de un mal sueño
Que nunca me dejará dormir?

Dime ¿por qué no te puedo olvidar
Y dejarte en el pasado,
Cuando mi corazón insiste
Que ya tú has hecho eso conmigo?

Dime ¿por qué tengo la esperanza
Y la ilusión que todavía
Una parte de ti me quiera
Y que también la otra parte me vuelva a querer?

Dime ¿por qué me mentiste?
¿Es qué no te importó herirme?
¿Qué fue lo qué no hice
Ó lo que hice?
Lo puedo deshacer...sólo dime

Siempre te llamé un cobarde
Pero, la verdad es que la cobarde soy yo
Porque aún no digas la respuesta, ya la sé.
No tengo la valentía de vivirla
Ni, obviamente de admitirla.

TELL ME

Tell me why is it that I still think of you?
Why is it that your eyes
Chase me like a villain in bad dream
And won't allow me to find sleep?

Tell me why can I not forget you
And plant you in the past?
When my heart tells me
You've already done so with me.

Tell me why do I have hope?
I live with the illusion
That part of you still loves me
And the remaining part
Will love me again.

Tell me why did you lie to me?
Did you not care to hurt me?
Was it something I did?
And whatever I did
I can undo it
Just tell me!

I've always called you a coward,
But the only coward has been me
Because I know the answer
Yet I lack the courage to live it
And sadly accept it.

QUISIERA QUE TE ACORDARAS DE MÍ

Quisiera que te acordaras de mí
Como yo me acuerdo de ti.
Quisiera que pienses en mí
Y que sonrías al hacerlo.
Quisiera formar parte de tus sueños
Y ser parte de tu despertar.
Quisiera caminar a tu lado de nuevo
Y sentir que tus manos toquen las mías.
Quisiera sentir tu mirada de nuevo
Como la sombra al atardecer.
Quisiera tocar tu pelo
Y enredar mis dedos
En la locura de tus rizos suaves.
Quisiera nadar en la dulzura de tus ojos
Y a la vez encontrarme en tus pupilas verdes.
Quisiera acercarme a la perfección de tus labios
Y ser la envidia de cada mujer que te idolatra.
Pero en fin,
Lo que más quisiera yo
Es que algún día tú también
Quisieras lo mismo.

I WOULD LIKE FOR YOU TO REMEMBER ME

I would like for you to remember me
As I remember you.
I'd like for you to think of me
And smile while doing so.
I'd like to be part of your dreams
And be part of your awakening.
I'd like to walk beside you again
And feel your hands touch mine.
I'd like to feel your eyes again
Like a shadow during the sunset.
I would like to touch your hair
And tangle my fingers
In the madness of your soft curls.
I'd like to swim in the sweetness of your eyes
And find myself in your green pupils.
I'd like to approach the perfection of your lips
And be the envy
Of every woman who idolizes you.
Anyway
What more would I want
Than for you to want the same
Someday too.

LO CONOCÍ EN ITALIA

Lo conocí en Italia.
Él no diseñaba zapatos,
Ni carteras.
No sabía de la diferencia
Entre el corte cosido o impreso.
Pero si sabía de Cabernet,
Así que compartimos una botella
Trayendo las similitudes de nuestros idiomas.
El era un siciliano orgulloso,
Y yo era una amante orgullosa.
El hablaba con sus manos
Y yo hablaba con cada trago,
Del Cabernet que eligió,
En el cafe,
Mientras observábamos extraños aquella acera.
Le pregunté sobre el amor,
Había amado a muchas, ya lo sabía.
Pero quería escuchar,
Y tal vez aprender
Como amar de manera desprendida.
Al igual que el viento,
Al igual que él,
En esa cálida noche italiana.

I MET HIM IN ITALY

I met him in Italy.
He didn't design shoes
Nor purses.
He didn't know the difference
Between cut sewn or printed.
But he did know of Cabernet
So we shared a bottle
And battled through our languages.
He was a proud Sicilian
And I was a proud lover.
He talked with his hands
And I talked with each swig
Of the Cabernet he chose
On the side cafe
As we watched strangers walk by.
I asked him about love
He had loved many I knew.
But I wanted to listen
And perhaps learn of what
It was like to love
And still be detached.
Just like the wind
Just like him
In that warm Italian night.

VUELTAS
Y VUELTAS

Me embarqué,
En la búsqueda
Para una cura,
Sólo para
Liberarme de ti,
Vueltas
Y Vueltas
En círculos,
Aceleré,
Para en fin,
Terminar
En tus brazos
De nuevo.

ROUND
AND ROUND

I embarked
On search
For a cure
One that would
Free me from you
Round
And Round
In circles
I sped
To only end
In your arms
Again.

LA PERSONAS
SON COMO CIUDADES

Las personas son como ciudades,
Vives en ellas durante tanto tiempo,
Comienzas a sentirte cómodo
Y de repente olvidas
Qué hermosas en realidad son.
A veces hay que salir de ellas,
Con el fin de aprender
Cuánto vas a extrañarlas,
Y para también entender
Cómo ellas viven en ti.

PEOPLE
ARE LIKE CITIES

People are like cities
You live in them for so long
You begin to get comfortable
And forget
How beautiful they are.
Sometimes you have to leave
In order to learn
How much you'll miss them
And to understand
How they live in you.

ÉL

Él no era de mucho hablar,
Pero cuando hablaba
Su voz era como trueno.

Él no era el mejor escritor,
Pero se las arregló para escribirse
En cada hemisferio de mi mundo.

Así es como algunas personas son
Sin saberlo, poderosos
Y dolorosamente inolvidables.

HE

He wasn't much of a talker
But when he did talk
His voice was like thunder.

He wasn't much of a writer
But he managed to write himself
In every hemisphere of my world.

That's how some people are
Unknowingly powerful
Achingly unforgettable.

FRUSTRACIÓN CALLADA

Me desperté con una frustración callada.
Una quietud palpitante,
Sólo el techo y yo sabemos
Que si yo fuera un director de cine
Tendría la toma perfecta
Para representar una escena solitaria y sombría.
En cámara lenta, ya que yo estaba muerta por dentro.
Mis lágrimas estaban al borde
De desesperadamente estallar.

QUIET FRUSTRATION

I awoke to a quiet frustration.
Palpitating quietness,
Between the ceiling and I.
If I was a director,
It would have been the perfect shot.
To depict a lonely and somber moment.
Slow motion since I was dead inside.
My tears were locked,
Desperate to burst out.

INVIERNO

WINTER

Corazón ansioso,
Noches apagadas.
En la oscuridad,
Encuentro la luz.

Anxious heart,
In the dark, Quiet nights.
I find the light.

A veces las cosas tienen que llegar a tales extremos que nos obligan a no mirar hacia atrás sino simplemente calmar el corazón cada vez cuando late por él y a colocar tu mano en el pecho cada vez que sus ojos conectan con los tuyos. De la misma manera que te obliga a separar tus labios cuando sus labios con franqueza te besan suavemente en silencio porque quieres que ese momento dure un poco más para luego decir adiós para siempre, con una diminuta nota de esperanza deseando que en algún futuro cercano se volverán a conectar de nuevo.

MIENTRAS TANTO, LO ÚNICO QUE QUEDA ES EL RECUERDO DE ÉL Y EL OLOR DE SU PERFUME POTENTE CONCENTRADO EN TU ROPA, AL MISMO MOMENTO QUE TU CORAZÓN SE HUNDE DE NUEVO EN UNA HISTORIA DE AMOR QUE POR POCO TIEMPO HAS VIVIDO Y QUE NUEVAMENTE HA DESAPARECIDO.

Sometimes things have to go to such extremes it forces you to never look back. To quiet your heart every time it beats for him. To place your hand on your chest every time his eyes connect with yours. The same way you force yourself to pull away when his lips candidly embrace your lips. Soft and quietly because you want that moment to last a little longer. To then say goodbye for good as a tiny speck of hope lingers, wishing that in some nearby future life will connect you both again.

MEANWHILE, ALL YOU HAVE LEFT IS THE MEMORY OF HIM AND THE SMELL OF HIS POTENT PERFUME CONCENTRATED ON YOUR CLOTHES. ALL WHILE YOUR HEART SINKS ONCE AGAIN AT A LOVE STORY SO FAR GONE.

QUIZÁS

La palabra quizás es romántica
Quizás, esta vez el amor conquistará.
Quizás, nuestro final no era nuestro destino.
Quizás, no se trata del destino.
Quizás, se trata de lo que hoy sentimos.
Quizás, dejé mis huellas en ti.
Quizás, esta vez te quedarás.
Quizás, tú no me necesitas más.
Pero, quizás todavía me quieres igual.
Quizás, lo que somos es una acumulación de quizáses,
Y en cada quizás hay esperanza.
En cada quizás construimos sueños.
En cada quizás junto existimos.
O quizás lo que hay es un nunca
Y nuestro idealismo lo cambió por quizás.
Porque los dos sabemos que no hay romance
Cuando dos amantes deciden
Que ya es el tiempo de dejarse.

MAYBE

The word maybe is romantic
Maybe this time love will conquer
Maybe our ending was not our fate
Maybe it's not about destiny
Maybe it's about what we feel today
Maybe I did leave my mark on you
Maybe this time you'll stay
Maybe you don't need me anymore
But maybe you still want me the same
Maybe we are an accumulation of maybes
And in each maybe there is hope
In each maybe we built dreams
In each maybe together we exist.
Or maybe there is never
And our idealism fell for maybe
Because we both know there is no romance
When lovers decide
It's time to let go.

TAN CERCA, PERO TAN LEJOS

Dormir en la misma cama
Pero a millas de distancia.
Inquietud todas las noches,
Con la premonición
De que nuestro amor ya ha muerto.
Tan cerca,
Sin embargo, tan lejos.
Llorando en silencio
Porque llego este día.

SO CLOSE,
YET SO FAR

Sleeping in the same bed,
But miles apart.
Restlessness every night,
At the premonition that our love has died.
So close,
yet so far.
Crying silently,
because this day arrived.

LAS ESTRELLAS
ME RECUERDAN A TI

Las estrellas me recuerdan a ti
Como nuestro amor se enciende y se apaga
A un ritmo tan rápido.
Las estrellas me recuerdan de ti
Como nos amamos.
De la misma manera que ellas existen
A años luz de distancia
Y a años luz apartes.

THE STARS
REMIND ME OF YOU

The stars remind me of you.
Our love is on and off
At a very rapid pace.
The stars remind me of you.
We love each other
Like how they exist.
Light years away
Light years apart.

NUESTRAS LÁGRIMAS

Nuestras lágrimas
No tienen conocimiento
De la teoría del tiempo.
Penetran los poros de la piel,
Llevando consigo un dolor
Infinito, y sin voz.
Nuestras lágrimas
No tienen conocimiento
De la teoría del tiempo.

OUR TEARS

Our tears
Have no understanding
Of the meaning of time.
Streaming
Penetrating skin pores.
Carrying with them
An endless
And speechless
Ache.
Our tears
Have no understanding
Of the meaning of time.

CONQUISTADOR

Como buen conquistador
Entraste en mi corazón.
En mis adentros
hiciste siembra
Y cuando te fuiste
Tus raíces allí
permanecieron.

CONQUEROR

As a great conqueror
You entered
My heart.
You sowed seeds
Inside of me.
And when you left
Your roots there
remained.

EXPERIENCIA

Estoy segura de que puedo pasar días
Semanas, meses y años
Sin ver tu cara.
Sé que puedo vivir
Sin nuevamente
Sentir tus abrazos.
Porque la experiencia me ha enseñado
Que el recuerdo tuyo será suficiente
Y la evocación constante
De nosotros en aquellas noches decadentes
En la que nuestra pasión fue la única existente.

EXPERIENCE

I am certain I can go days
weeks, months, and years
without seeing your face.
I know I can live
without once again
feeling your embrace.
Because experience has taught me
that the memory of you will suffice.
The vibrant memory
of us and those decadent nights
in which passion was our only high.

RECUERDOS

Los años pasan,
Pero le pido a mis recuerdos
que permanezcan intactos.
Así podre revivir todas las decadencias
Que viví en aquel tiempo.
Fotografías mentales,
De cómo mi corazón fue tocado
Bajo lunas y cielos claros muy brillantes,
Jugando bajo sabanas.
Cuando lo único que teníamos eran sueños
Bailando en las noches,
Llenos de juventud que nos hacían vivir.
Los nacimientos y muertes
Siempre vienen con cambios.
Le pido a mis recuerdos que permanezcan intactos.
No podría imaginar
Lo triste que sería
Que no pudiera recordar lo vivido entre
tú y yo.

MEMORIES

As the years go by
I pray my memories stay intact.
So I may relive all the decadence
I lived at one point in time.
Mental photographs
Of how my heart was touched
Under moons and bright clear skies.
Playing under sheets
Back when all we had were dreams.
Dancing into the night
Full of youth we felt alive.
Births and deaths
Always came with change
But in my memories they still remain.
I pray my memories stay intact
Could you imagine
How sad it'd be
If I couldn't remember the memory
Of you and I?

NOSTALGIA

Sin duda
Hay nostalgia en mi voz
Cuando hablo de él.

Sin duda
Lo amaba.
¡Oh, cómo lo amaba!

Mis palabras
Cuando se escapan de mi boca
Se acuerdan de él.

Mis manos
Lo Recuerdan,
A medida que continúan acariciando a otro.

Tal vez, no lo echo de menos
Tal vez, sólo lo recuerdo.

En momentos como estos
Cuando hay nostalgia en mi voz
Cuando hablo de él.

NOSTALGIA

Without a doubt
There is nostalgia in my voice
When I speak of him.

Without a doubt
I loved him.
Oh, how I loved him!

My words
As they escape my mouth,
Remember him.

My hands
Reminisce his touch
As they continue on and caress another.

Perhaps I do not miss him.
Perhaps I only remember him.

On moments like these
When there is nostalgia in my voice
When I speak of him.

LA VIDA

Cuando somos jóvenes
La vida esta llena de ilusiones.
Apenas sólo el pasado vive
En nuestra memoria.
También nuestro futuro
Vive en nuestros sueños.
Pero todo lo que somos
Ya existe en la actualidad.
Sólo en el presente
Podemos encontrar la felicidad.
El pasado siempre será
Lleno de nostalgia,
Y el futuro siempre
Vivirá en lo desconocido.

LIFE

When we're young
Life is full illusions.
Just how the past lives
In our memories.
Just how our future
Lives in our dreams.
But everything we are
Exists in the present.
Only in the present
Can we find happiness.
The past will always be
Filled with nostalgia,
And the future will always
Live in the unknown.

A MENUDO

Con demasiada frecuencia
Tú cruzas en mi mente
Y escribo sobre ti.
Escribo sin esfuerzo
Sueños cortos y tóxicos.
¿Cómo puedo decirle a mi mente
Que menosprecie a su musa?
¿Cómo puedo decirle a mi corazón
Que mi amor ya no vive contigo?

OFTEN

Too often a time you cross my mind
And I write about you.
I write effortlessly
Short and toxic dreams.
For how can I tell my mind
To underappreciate its muse?
How can I tell my heart
Its love no longer resides with you?

CONOCÍ EL AMOR

Conocí el amor
Pero tuve miedo
Y lo deje escapar.
Fui cobarde.
El miedo lo hirió
Y tristemente
No lo pude salvar.

Así de amarga es la vida,
Cuando el arrepentimiento
Surge en el amor.
Porque el riesgo nunca existió,
Ese amor siempre vivirá.
Mi mente siempre lo recordará
Pero mi corazón nunca lo aceptará.

I FOUND LOVE

I found love
And became afraid.
I was a coward
And allowed it to escape.
Fear tainted it
And sadly
I could not save it.

And that's how bitter life can become
When repentance
Emerges in love.
Since risk never existed
That love story will continue on playing
Vividly within my memories
But my heart will never accept its loss.

MI AMOR

Mi amor lo podía sanar,
Esto pensé.
Mi amor,
Mi amor.
Fue siempre mi amor.
Pero, ¿Cómo convencer a una persona,
Que el amor es todo lo que necesitamos?
Una persona tan rota,
Que sus piezas
Cada vez más se debilitaban
Cuanto más lo sacudía en desesperación,
Para que de esa pesadilla quisiera despertar.
Entonces más disfrutaba pasar mis dedos,
Por su pelo,
Y acariciar suavemente su rostro ansioso.

Mi amor nos podía arreglar,
Esto pensé,
Mi amor,
Mi amor.
Nunca fue suficiente mi amor.
Pero ¿Cómo convencerme,
Que estar roto era todo lo que conocía
Que todo su dolor
Se había transferido a mí?
Y ahora yo estaba rota también.
Luego el pasaba sus dedos
Entre mi pelo
Y suavemente secaba mis lágrimas.
Me abrazaba contra su pecho
Nunca me he sentido más segura.

Mi amor,
Su amor,
Nuestro amor,
Un amor trágico.
Tenía que terminar.
Nuestras piezas rotas
Se transformaron
A vidas
Que nunca viviremos de nuevo.

MY LOVE

My love could heal him,
this I thought.
My love,
My love.
It was always about my love.
But how convince a person,
that love is all we need?
A person so broken,
that his pieces,
were spread out thin.
I would shake him in despair,
as if from a nightmare he'd awake.
Then I would run my fingers,
through his hair,
and gently caress his anxious face.

My love could fix us,
this I thought.
My love,
My love.
It was never enough my love.
But how convince myself,
that being broken was all he knew?
That all his pain,
had transferred into me,
and now I was broken too.
Then he would run his fingers,
through my hair,
and softly wipe my tears away.
Hold me against his chest,
Never have I ever felt more safe.

My love
His love
Our love
It was a tragic love
and it had to end.
Our broken pieces
wandered off
into lifetimes
we'll never live again.

TE AMÉ
TAN FUERTE

Te amé tan fuerte
Que convertí tus besos
En poesía.
Y los días que te extraño
Revivo tu esencia
Entre las sílabas
De mis palabras.

I LOVED YOU
SO DEEPLY

I loved you so deeply
I turned your kisses
Into poetry.
And the days that I miss you
All I have to do
Is relive your essence
Within the syllables
Of my words.

La noche y una botella de vino pueden ser una combinación poderosa. Una noche busqué la luna llena entre las palmeras y ella se estaba escondiendo de mí, de la misma manera que yo me escondo detrás de mi sonrisa. Ella brillaba muy fuerte, pero en el fondo había un resplandor opaco, sin embargo yo la admiraba, al igual que a las estrellas que la rodeaban. Entendí sus presiones; sus responsabilidades sobre las mareas corporales, también como las que ejerce sobre los océanos de la tierra. Sus cráteres significaban quizás el daño de los secretos indecibles y sueños no realizados. Y en ese momento mientras bebía la última gota de vino tinto que me acompañaba durante esa noche solitaria, yo la entendí mejor, me identifique con ella, porque podía ver mi propia tristeza oculta reflejada en su brillo.

DEBO DECIR, QUE LA LUNA ME RECUERDA A MÍ MISMA. ESTOY LLENA DE CICATRICES COMO ELLA; CICATRICES DE IMPACTO CÓSMICO. MUCHAS VECES MIS CICATRICES SE CONSIDERAN BELLAS, PERO SÓLO YO SÉ LO DIFÍCIL QUE ES VIVIR CON ELLAS.

The night and a bottle of wine can be a powerful combination. I searched for the full moon between the palm trees. She was hiding from me, like how I hide behind my smile. She shined bright, but underneath there was a dull glare. Nonetheless I admired her and the stars that surrounded her. I sensed her pressures; her responsibilities over the earth's ocean and body tides, her craters were perhaps the damage of untold secrets and unrealized dreams. And in that moment as I drank the last drop of the red wine that accompanied me during that lonely night I understood her, because maybe I see my own hidden sadness reflected in her glare.

I MUST SAY, SHE THE MOON REMINDS ME OF MYSELF. I AM FULL OF SCARS JUST LIKE HER; SCARS OF COSMIC IMPACT. AND EVERY NOW AND THEN MY SCARS ARE CONSIDERED BEAUTIFUL, BUT ONLY I KNOW HOW HARD IT IS TO LIVE WITH THEM.

YO TODAVÍA ESTARÉ

Te di el sol
Pero querías la luna.
Cuando te di la luna
Querías las estrellas.
Así que fui a ciegas
Y alcance las estrellas más infinitas
Y me envolví alrededor de cada una de ellas
Sólo para ti.
Las estrellas, la luna y el sol
No fueron suficientes para tu corazón voluble.
Así que tomé mis lágrimas y te hice un mar
Para que puedas navegar por la tierra
Y encontrar el imposible tesoro
Que constantemente buscas.
Sin embargo todas las mañanas
Mi sol estará allí para despertarte.
Todas las noches
Mi luna estará allí para calmarte.
Y si alguna vez me necesitas
Mira entre las estrellas
Envuelta en cada una de ellas
Yo todavía estaré.

THERE, I STILL WILL BE

I gave you the sun,
but you wanted the moon.
When I gave you the moon,
You wanted the stars.
So I reached blindly,
for the most infinite stars,
And wrapped myself around each one of them
Just for you.
The stars, the moon and the sun combined,
Weren't enough for your fickle heart.
So I took my tears and made you a sea,
So you can sail the earth
And find the impossible treasure,
You constantly seek.
Yet every morning,
my sun will be there to wake you.
Every night,
My moon will be there to calm you.
And if you ever need me,
Look amongst the stars,
Wrapped in each one of them,
There, I still will be.

about the AUTHOR

MIRTHA MICHELLE CASTRO MÁRMOL is a Dominican born actress and poet. She was raised in Miami, Florida. She wrote her first poem at the age of six, and since then she cultivated a passion for poetry. Mirtha Michelle is the author of the hugely popular, and best-selling poetry book "Letters, To The Men I Have Loved". Her work expresses loss, growth, hope, dreams and love. She currently resides in Los Angeles, California.

MIRTHA MICHELLE CASTRO MÁRMOL es actriz y poeta de origen dominicano. Fue criada en Miami, Florida. Ella escribió su primer poema a la edad de seis años, y desde entonces cultiva una gran pasión por la poesía. Ella es la autora del libro de poesía, "Letters To The Men I Have Loved" que ha alcanzado mucha popularidad y mayor venta entre su género literario. Su obra expresa sentimientos de desamor, crecimiento, esperanza, sueños, y amor. En la actualidad ella reside en Los Ángeles, California

CPSIA information can be obtained
at www.ICGtesting.com
Printed in the USA
BVOW08s0242301017
498952BV00001B/5/P

9 781478 767541